CIRCULAIRE

adressée à toutes les Chambres de Commerce et à toutes les Chambres consultatives des Arts et Manufactures de France.

A Monsieur le Président de la Chambre de Commerce

d .   département d

MONSIEUR LE PRÉSIDENT,

J'ai l'honneur de vous adresser un exemplaire d'une brochure ayant pour titre :

Projet de Loi d'un Impôt unique, ou Contre-Projet aux divers impôts nouveaux sur les Matières 1res et les Textiles, etc., etc.

Veuillez examiner attentivement ce *Contre-Projet* qui se résume par la proposition de l'application de trois idées nouvelles en matière d'impôts, savoir :

1° L'impôt direct, proportionnel aux facultés de l'individu, applicable à tous les Français de tout sexe et de tout âge;

2° Le même impôt direct, dans une proportionnalité à déterminer, applicable à tout étranger de passage ou résidant en France ou dans les Colonies françaises;

3° Une quittance de l'*impôt individuel*, sous forme de carte *d'identité* obligatoire pour tous, *Français et Étrangers*.

Et si vous voulez en même temps examiner le projet de loi, ayant pour objet :
« 1° de rectifier les voies et moyens du Budget de l'exercice 1871 et de fixer le résultat
« probable de ce Budget; 2° d'établir des augmentations d'impôts nouveaux pour faire
« face aux obligations, résultant des charges de guerre et des déficits des Budgets de
« 1870-1871, présenté par M. Thiers, président du Conseil des Ministres, chef du
« Pouvoir exécutif de la République française et par M. Pouyer-Quertier, ministre des
« finances. »

(Voir au *Journal Officiel* n° 180, du jeudi 29 juin, annexe 314, *séance du 12 juin 1871*,
pages 1649, 1650, 1651; et n° 181 du vendredi 30 juin, pages 1672, 1673; et n° 182 du
samedi 1ᵉʳ juillet, pages 1687, 1688, 1689, les 52 articles du projet de loi proposant des impôts
et taxes divers, déjà en partie votés, et notamment à l'article 52, le tableau **A**, contenant 100
produits divers à imposer à 20 p. 0/0; 41 autres produits à imposer à 10 p. 0/0; tous les produits
non dénommés à imposer à 2 p. 0/0 ; enfin les articles spécialement tarifés; en un mot le tableau **A**
restant tout entier à voter. On trouve encore le même document au *Moniteur Universel*, n° 178,
du 1ᵉʳ juillet 1871, pages 595 et 596 ; seulement le *Moniteur Universel* contient le tableau **A**, le
tableau B, les états C. D. F. que l'*Officiel* ne donne pas.)

Si vous examinez, Monsieur le Président, vous serez frappé de la comparaison.

M. le Ministre des finances propose à l'Assemblée nationale d'atteindre et de frapper
toutes les manières d'être de l'existence, toutes les denrées de la vie, de l'agriculture.
du commerce et de l'industrie, sous mille et une formes d'impôts divers. A mon sens, si
je ne me trompe, c'est le travail de la construction des Pyramides d'Egypte; c'est la
complication la plus colossale et le coût, le plus onéreux que l'on puisse entreprendre
pour la perception de l'impôt ; c'est la perturbation du *Modus vivendi* de chacun ; c'est
la corvée à merci, frappant toujours le même contribuable et la consommation, sans
distinction de personnes ; c'est, tout au moins, la mise en arrêt de la prospérité de
l'agriculture, du commerce et de l'industrie française, si ce n'est point son arrêt de
mort; c'est le tonneau des Danaïdes de M. le Ministre des finances.

Le nouveau mode d'impôt que je propose m'a paru équitable, simple et pratique,
Les cotes en sont relativement très faibles; la répartition des taxes peut se faire dans la
plus juste proportion avec les facultés de l'imposé. Pas n'est besoin de demander à chacun
quel est son revenu. Il suffit que chacun puisse payer sa cote *individuelle* sans gêne.
Ce n'est pas faire, comme par l'impôt sur le revenu, 2 castes à part: le riche qui paie,
le pauvre qui ne paie pas. C'est l'impôt de tous pour tous. A chacun selon ses moyens.
C'est l'impôt de nos malheurs.

Veuillez, Monsieur. quand vous aurez examiné et pesé, dans votre sage et sûre appréciation, mon projet, le soumettre à la Chambre dont vous êtes l'honorable Président, si vous l'en jugez digne.

Et, si vous et Messieurs les Membres de la Chambre de Commerce de   estimez que ce projet simplifie les voies et moyens pour arriver à faire face aux obligations résultant des charges de guerre et des déficits des Budgets de 1870-1871. détourne la foudre qui est prête à frapper surtout le commerce, et l'industrie et peut rendre quelque service au pays, veuillez. sous forme de vœu, l'appuyer auprès du Gouvernement et de l'Assemblée nationale.

Un exemplaire de ce projet a été adressé à tous ses Membres.

Je vous demande pardon de la liberté que, simple commerçant. et sous le voile de l'anonyme, j'ai prise de m'adresser à la Chambre de Commerce de   mais j'ai cru faire bien et exposer une idée nouvelle et, avant tout, française.

Veuillez agréer, Monsieur le Président, vous et Messieurs les Membres de la Chambre de Commerce de   , l'assurance du plus profond respect, avec lequel j'ai l'honneur d'être

Votre très-humble serviteur,

L'Auteur.

Lyon, le 15 septembre 1871.

108

LETTRE-CIRCULAIRE

Adressée à tous les Conseils généraux de France.

À Monsieur le Président du Conseil général

du département de ______________ à ___

A Messieurs les Conseillers généraux.

MESSIEURS,

J'ai l'honneur de vous adresser un exemplaire d'une brochure ayant pour titre :

Projet de Loi d'un Impôt unique, ou Contre-Projet aux divers impôts nouveaux sur les Matières 1res et les Textiles, etc.. etc.

Je joint à cet envoi :

1° Une première circulaire adressée les 8-10 septembre, avec ma brochure, à 150 journaux de Paris et de la Province ;

2° Une circulaire adressée les 15-17 septembre à toutes les Chambres de Commerce et Chambres consultatives des Arts et Manufactures de France :

3° Une deuxième circulaire adressée à tous les grands journaux de Paris et de la Province, que, bien que portant la date du 24 septembre, j'envoie ces jours-ci seulement à destination :

4° Une note, adressée à la Chambre de Commerce de Lyon et publiée par M. DUCARRE, député du Rhône :

La note de M. DUCARRE, mieux encore que mes diverses circulaires, vous expliquera suffisamment le but que je me suis proposé par ces publications.

Il s'agit de savoir si les augmentations d'impôts, les impôts nouveaux proposés par M. le Ministre des Finances, tels qu'ils ont déjà été en partie voté par l'Assemblée nationale, et si les impôts restants à voter valent mieux au point de vue des intérêts économiques du pays, s'ils donneront la même satisfaction à l'opinion publique et à la conscience de chaque contribuable qui, lui, paye en réalité et a le droit d'appréciation (tout Français de tout âge et de tout sexe n'est-il pas contribuable de l'impôt indirect ?); il s'agit, dis-je, de savoir si le système, appliqué et poursuivi par M. le Ministre des Finances pour combler les déficits des exercices antérieurs et faire face aux charges que nous ont imposées les malheurs de la guerre, vaut mieux que l'application d'un *impôt unique* pour faire face à ces charges. Il s'agit de savoir si l'impôt-ministre vaut mieux que le vote d'un franc et véritable *impôt de guerre*, applicable à tout français et étranger (comme l'est en réalité l'impôt indirect nouveau). Il s'agit de savoir si l'impôt que je propose, bien plus équitablement réparti, puisque dans mon système, transformé en impôt direct et proportionnel, il serait réparti, autant que la clairvoyance administrative peut apprécier, suivant les moyens de chacun, vaut mieux que le système de M. le Ministre des Finances.

Pour vous faciliter la comparaison des deux systèmes, j'ai fait imprimer le projet de loi de **M.** le Ministre des Finances ; je vous en envoie quelques exemplaires.

En examinant l'article 52 du projet de loi, vous remarquerez que dans le tableau **A**, M. le Ministre propose 100 produits divers à imposer à 20 %, 41 à 10 %. puis tous les produits non dénommés à imposer à 2 %, enfin des produits spécialement tarifiés.

Vous remarquerez que, dans ce dédale d'impôts nouveaux proposés, presque pas un seul n'a été voté.

Et vous voudrez bien examiner, Messieurs, si dès lors l'industrie française n'est pas, avec ce système, frappée au cœur. En effet, la France tire de l'étranger presque tous ces produits, toutes ces matières 1ères y dénommées, pour les transformer et en faire des produits manufacturés. Mais si ces produits sont imposés, l'industrie française est donc, de ce fait, constituée dans un état d'infériorité , non-seulement vis-à-vis des Etats producteurs de ces produits qui dès lors auraient un triple bénéfice à les manufacturer (1° le bénéfice de notre impôt ; 2° notre bénéfice de fabrication ; 3° celui que la vente du produit brut leur donne déjà), mais encore vis-à-vis des Etats où ces produits ne sont pas imposés. Et alors l'industrie française est forcément limitée à la consommation intérieure, la consommation étrangère ou l'exportation lui devenant interdite par la surélévation du produit qu'elle a manufacturé. Et si l'industriel français ne veut pas laisser péricliter son commerce, il s'en va forcément transplanter son industrie à l'étranger c'est-à-dire dans l'Etat le plus voisin.

Un Etat n'est pas riche seulement par son sol, par la terre, mais encore, pardessus tout, par son commerce et son industrie. La raison en est simple :

C'est que la terre ne paie qu'une fois l'an un mince intérêt de l'argent et que le commerce et l'industrie doublent, triplent, quadruplent et arrivent même jusqu'à décupler l'intérêt du capital.

Vous êtes à même d'en juger, Messieurs: dans votre département. Quel est l'arrondissement, le canton, la ville, le bourg le plus riche, celui où règne l'aisance, où il se fait des fortunes ? N'est-ce pas là où il se fait un commerce, où s'exerce une plus ou moins grande industrie ?

Pour maintenir à son rang et à son niveau la richesse et la fortune de la France, et ne pas la placer dans un état d'infériorité, il ne faut donc pas frapper plus particulièrement le commerce, il faut laisser l'industrie libre des produits dont elle a besoin et ne pas les imposer.

L'Etat, c'est-à-dire le Gouvernement, est le tuteur né de tous les individus composant l'Etat. Vous êtes aussi, Messieurs, les tuteurs de vos départements et les conseillers du Gouvernement. Que diriez-vous d'un tuteur qui ayant une fortune de zéro, une fortune de cent mille francs, une fortune de un million à administrer, demanderait à chacun de ses pupilles mineurs la même somme pour les faire existe et vivre ?

C'est pourtant l'histoire de l'impôt indirect, et quand les économistes disent que l'impôt de consommation est le meilleur (au point de vue fiscal, c'est peut-être vrai, c'est celui qui se paie le plus facilement parce qu'il se paie par petites sommes et celui dont on s'aperçoit le moins), mais ceci n'est pas plus vrai en morale que le principe moderne : « la fin justifie les moyens. » C'est au fond le plus injuste et le plus tyrannique de tous les impôts. En effet, il faut ou le payer ou cesser de vivre.

Cependant il faut des impôts à l'Etat, toujours et surtout dans les malheureuses circonstances où se trouve la France. Plus les Etats grandissent en âge et en nombre plus les impôts augmentent. En général, plus les Etats sont riches plus ils paient d'impôt : mais aussi, sauf le cas de cataclysme qui nous a frappé, plus les Etats paient d'impôts plus il sont riches ; car, au fond, l'impôt n'est qu'un prêt qui, employé pour majeure partie à l'utilité publique, fait en définitive, par des millions de canaux divers, chaque année, retour à la fortune publique.

Quoi qu'il en ait été de l'impôt en France avant et depuis 1789, quelque définition qu'en donnent les savants et les économistes, il me semble que l'impôt ne peut plus être que deux choses : *une cotisation et une prime d'assurance* Tout individu appartenant à une société quelconque lui doit sa cotisation pour avoir droit aux avantages de cette société.

Admettons 1 franc par tête pour les mineurs de l'âge, du sexe, de l'intelligence et de la fortune. Admettons 2 francs pour les majeurs chez la femme, et 4 francs pour les majeurs chez l'homme.

C'est la classification ou différence de cotisation proportionnelle que font en général presque toutes les sociétés de secours mutuels qui admettent des membres participants de ces trois catégories. Voilà, je crois, les principes d'égalité entre membres participants d'une même Société.

Le surplus de l'impôt, c'est la prime d'assurance. Alors, nécessairement, plus on possède plus on a à assurer et, dès lors, plus on doit payer une forte prime d'assurance, la prime ou l'impôt devant toujours être proportionnels aux garanties que donne l'assureur qui est l'Etat et aux risques que fait courir l'assuré qui est français ou étranger.

Ce sont ces principes, Messieurs, que vous trouverez développés dans l'Avant-propos et l'Exposé des motifs du Projet de Loi que j'ai l'honneur de vous adresser. Il y a certainement beaucoup à revoir, beaucoup à dire dans ce projet. Mais si l'idée générale développée dans cet opuscule vous paraît utile et féconde, en ce moment où MM. les Députés sont sur le point de rentrer en session, veuillez formuler votre avis sur la question des augmentations et impôts nouveaux établis ou à établir, exprimer un vœu et l'adresser soit au Gouvernement soit à M. le Président de l'Assemblée nationale.

Et si plusieurs exemplaires de ma brochure vous étaient utiles pour faciliter vos délibérations (il m'en reste 2 ou 300, j'en ai fait imprimer 2,000), je puis en mettre 2 ou 3 à votre disposition, alors, veuillez en adresser la demande à **M.** Jean CORNET, Essai public des soies, 25, place de la Comédie, à Lyon.

Veuillez agréer, Monsieur le Président du Conseil général, Messieurs les Conseillers généraux du département d   , l'assurance du plus profond respect avec lequel j'ai l'honneur d'être

Votre très humble serviteur,

L'Auteur.

Lyon, le 16 novembre 1871.

PROJET DE LOI

D'UN

IMPOT UNIQUE

OU

CONTRE-PROJET

AUX

DIVERS IMPOTS NOUVEAUX

Sur les Matières 1ières et les Textiles,

ET

AUX AUGMENTATIONS D'IMPOTS DIVERS

Proposés par M. le Ministre des Finances,

Présenté à l'Assemblée Nationale,

AVEC EXPOSÉ DES MOTIFS.

Août 1871.

LYON.

AVANT-PROPOS.

A l'honneur de la France, tout le monde est d'accord qu'il faut payer l'indemnité de guerre et chacun s'attend à voir augmenter le chiffre de ses impôts. Mais, chaque fois que, du vote de l'Assemblée nationale, il sort une nouvelle loi d'impôt, l'opinion publique, généralement, lui fait mauvais accueil.

Ainsi, sont impopulaires : l'augmentation des droits sur les cafés, les sucres, etc., etc.; la plupart des nouveaux droits d'enregistrement et de timbre, etc, et par dessus tout le nouveau droit postal, etc, etc...

D'où vient cela? De ce que chacun ne sait pas quelle sera sa part personnelle dans les nouvelles charges publiques; parce que l'on demande la soulte des déficits antérieurs et des frais de guerre à mille et un impôts divers; dès lors l'incertitude de la contribution inquiète, jette la défiance et effraye le commerce et l'industrie. On ne craint pas seulement pour leur prospérité, on craint même pour leur existence.

Tandis que, si M. le Ministre des Finances, entrant dans une voie nouvelle, eût franchement demandé un impôt de guerre bien *spécial* et bien *déterminé*, l'impôt de guerre serait aujourd'hui aussi populaire que l'a été la guerre. Il est bon quelquefois de renoncer aux vieux systèmes, aux vieux errements.

Ce sont ces données de sens commun qui ont inspiré à l'auteur l'idée d'un impôt, *nouveau*, il est vrai, mais *unique*. Simple commerçant, il n'a pas la prétention d'avoir fait œuvre de législateur; il ne demande que le bénéfice d'une idée, peut-être neuve, mais il le demande pour son pays. Pour rendre l'idée plus saisissante, il la présente sous forme de projet de loi et d'exposé des motifs. A l'Assemblée souveraine, le droit de couper, trancher, rejeter, adopter...

Il demande tout au moins, respectueusement, à l'Assemblée nationale, l'honneur d'un examen sérieux et approfondi.

Dieu veuille que ce projet ne soit pas la Loi Niel de l'impôt. Il semble que, dans cette question d'impôt de guerre, unique et nouveau, il ne devrait y avoir ni gauche ni droite, ni opposition ni majorité. C'est une question française, c'est l'impôt de tous pour tous.

Et, si le principe de cet impôt était adopté, au lieu de milliers d'études spéciales et diverses, de discussions et de discours, il n'y aurait plus qu'une seule et unique étude qui mettrait à l'écart toutes les questions particulières des divers impôts, *une seule et unique discussion*. Et les travaux de la Chambre seraient bientôt achevés.

L'esprit frappé de la perturbation que jetteraient à coup sûr dans le commerce et l'industrie française les impôts projetés sur les matières 1res et notamment dans la plus belle de nos industries nationales : la fabrication des soieries, un électeur du département du Rhône, fabricant à Lyon, a conçu l'idée de remplacer l'impôt sur les matières 1res et les textiles et la plupart des augmentations d'impôts proposés par M. le Ministre des Finances par un seul et unique impôt, un *nouvel impôt direct et proportionnel*.

Pénétré sans doute des mêmes idées dans la question des impôts à établir, repoussant les impôts nouveaux et multiples qui vont peser sur une foule de produits industriels et entraver le travail et la production, avec le sens droit et énergique qu'on lui connaît, UN DÉPUTÉ DU RHÔNE, M. DUCARRE, (*au moment où nous mettons sous presse*) vient précisément de dire à la tribune de l'Assemblée nationale : (*Séance du Samedi 2 septembre. Question de l'impôt nouveau sur les allumettes chimiques. Journal officiel, fol°* 3170.)

« Je vous engage donc, sans vous retenir plus longtemps sur cette question de
» principe, à vous arrêter dans la voie où l'on veut vous engager, et surtout à
» reconnaître, avant d'entrer sur le terrain des impôts nouveaux, que notre pays
» est très-décidé à payer, à acquitter les charges nouvelles, que notre pays est
» profondément divisé quant au mode de répartition. Il s'attendait à une grande
» et solennelle mesure financière qu'on regrettera de n'avoir pas prise, à un
» impôt unique et proportionel qu'on aurait appelé l'impôt de guerre, et qui
» aurait réparti sur tous les Français la part des charges qui vont écraser quel-
» ques-uns (Très-bien ! sur plusieurs bancs à gauche.) Nous venons de voter des
» augmentations d'impôts que, dans son langage énergique le contribuable a
» appelées d'un nom que j'ai saisi et que je vous apporte ; il dit : ils ont imposé
» l'impôt... (Mouvements divers.) Si vous voulez, avant d'entrer dans la voie
» des impôts nouveaux.... »

Notre projet n'est pas autre chose que l'une des formes sous lesquelles peut et doit être prise la grande mesure financière réclamée par le *Représentant de Lyon*.

Nous lui demandons d'en présenter les principes à l'Assemblée nationale sous la forme qu'il jugera la plus pratique et la plus utile au pays, et le prions de l'appuyer de l'autorité de sa parole et de sa laborieuse persévérance.

AMENDEMENT GÉNÉRAL

AU PROJET DE LOI

Présenté par **M. THIERS**, Président du Conseil des Ministres
Chef du Pouvoir exécutif de la République Française

Et par **M. POUYER-QUERTIER**, Ministre des Finances,

AYANT POUR OBJET :

Des Augmentations d'impôts

ET

La création d'Impôts nouveaux ;

OU

CONTRE-PROJET

Résumant dans un seul impôt la majeure partie des impôts proposés.

PROJET DE LOI.

ARTICLE PREMIER.

A partir du 1er janvier 1872, dans toute la France et les Colonies françaises, il sera perçu, au profit de l'Etat, un *impôt annuel, direct et proportionnel*, dit: **impôt individuel.**

Art. 2.

Cet impôt sera, au minimum, de 1 franc par tête, et, au maximum de 1,000 francs. *(A examiner si le maximum peut être porté à 10,000 francs.)*

§ 2. La proportionnalité de 1 fr. à 1,000 fr. sera répartie en raison directe de la protection et des services rendus par l'Etat à l'individu dans sa personne et dans ses biens mobiliers et immobiliers et suivant les facultés mobilières ou immobilières de la personne.

§ 3. Le montant total de cet impôt sera *(ou pourra être)* quant aux sujets français, le produit d'une moyenne de 20 fr. par individu.

Art. 3.

L'*impôt individuel* sera appliqué à tout individu et pour tout individu de l'un et de l'autre sexe de quelqu'âge et condi-tion qu'il soit, Français ou étranger, habitant la France ou les Colonies françaises, ou encore, de passage sur le territoire de la France ou de ses Colonies.

Art. 4.

L'impôt sera simple ou dans la proportion de 1 pour les Français, et *double*, à égalité de situation, pour les étrangers.

Art. 5.

§ 1. Cet impôt sera dû et payé pour les enfants jusqu'à l'âge de leur majorité, par les pères, mères ou tuteurs.

§ 2. La taxe du père de famille sera *double* de celle de la mère et *quadruple* de celle des enfants.

§ 3. Les Lycées, Colléges, Maisons d'instruction et d'éducation, etc., les Hospices, Maisons de refuge, les Communautés religieuses, reconnues ou non par l'Etat, etc., les Manufactures, etc., etc., en un mot, tous les Établissements publics ou privés, vivant d'une vie commune et formant une agglomération de personnes, seront tenus, à défaut de l'individu lui-même, de payer la taxe afférente, d'après la répartition dudit impôt, à chacun de leurs membres coopérants ou participants, pensionnaires ou assistés.

§ 4. Les Bureaux de bienfaisance ou d'assistance publique, et à leur défaut, lorsqu'il n'en existe pas, les communes, seront tenus de payer la *taxe individuelle* de tous les individus habitant la commune indigents pourvus d'un certificat d'indigence ou reconnus notoirement incapables de payer l'impôt, toutefois, sur leur demande ou déclaration ; et, dans ce cas, la taxe de l'individu, quel qu'il soit, ne sera que de 1 franc par tête.

§ 5. Dans tous les cas, les communes seront responsables du recouvrement de cet impôt vis-à-vis de l'Etat pour le

8

montant des taxes de tous leurs administrés n'ayant pas satisfait à l'impôt ; elles seront tenues, 3 mois après son échéance,
de les rembourser à l'Etat, à la condition toutefois : 1° de
justification des poursuites, voulues par la loi, par les agents
du trésor; 2° de remise des pièces; et seront dès lors substituées
aux droits et actions de l'Etat vis-à-vis de ces contribuables.

Art. 6.

La répartition proportionnelle de l'*impôt individuel* est faite
par les Contrôleurs des contributions directes , assistés des
Répartiteurs ordinaires et, au besoin, d'un Jury, dont partie
est prise, autant que possible, dans la profession ou la condition du contribuable, par canton ou arrondissement, et formé
suivant l'esprit de la loi sur la formation du Jury d'expro-
priation (1).

Art. 7.

Les rôles en sont publiés chaque année au 1ᵉʳ Juillet pour
l'année suivante. Les feuilles d'avertissement seront remises
aux contribuables ou à leurs ayants-droit ou charge, au 1ᵉʳ
Septembre. Les réclamations présentées suivant les lois éta-
blies pour les contributions directes sont admises jusqu'au
1ᵉʳ Novembre et les rôles définitivement clos au 15 Décembre.

---

(1) La répartition faite *d'abord* par les Contrôleurs et Répartiteurs ordinaires
serait peut-être plus simple , aussi équitable et plus pratique. Le Jury *ad hoc*
pourrait être seulement convoqué dans des cas déterminés pour juger les réclamations.

Art. 8.

L'impôt est dû entier, sans remise ni réduction pour l'année suivante par tout individu existant en France ou dans les Colonies françaises au 31 Décembre de l'année qui finit.

Art. 9.

Le recouvrement dudit impôt pour la taxe totale de toute personne habitant la France ou ses Colonies sera fait, en une *seule et unique perception*, et du 1er au 31 Janvier de chaque année, par le percepteur du canton ou par les agents des contributions directes.

Art. 10.

Les étrangers de passage en France seront tenus d'acquitter l'*impôt individuel* à leur entrée sur le territoire français ou des Colonies françaises entre les mains des agents préposés à cet effet.

L'assimilation de l'étranger de passage au sujet français de telle ou telle catégorie d'imposables peut être fixée, pour la perception de l'impôt, en vertu d'arrêtés pris par le Chef du Pouvoir exécutif après avis du Conseil des Ministres.

Les étrangers habitant ou ayant des établissements en France ou dans nos Colonies seront traités sur le pied d'égalité quant à la répartition de la proportionnalité de l'impôt et quant à la perception, conformément à l'article 4 de la présente loi.

ART 11.

A titre de quittance du dit impôt, il sera détaché *d'un registre à souche*, et délivrée, valable pour l'année courante seulement et le mois de Janvier suivant, au nom de chaque contribuable, *une carte nominative* **d'identité** indiquant la nationalité, les nom, prénoms, filiation, âge, qualités, lieux de naissance et de résidence du contribuable.

Cette carte servira de quittance, de permis de séjour et de circulation en France et dans toutes les possessions françaises. Le registre à souche et la carte d'identité porteront la signature de tout individu sachant signer et ayant atteint l'âge de quinze ans ; s'il ne sait pas signer mention en sera faite.

ART. 12.

Toute personne, existant en France ou dans les Colonies, est tenue, pour elle et pour ceux dont elle a charge, de se faire inscrire et les faire inscrire sur les rôles de *l'impôt individuel*. Nul ne pourra être exempt dudit impôt et s'y soustraire, à peine d'amende et de prison en cas de fraude, et nul ne pourra, légalement, se mouvoir, contracter et voter, s'il n'est muni de sa carte d'*identité*.

Art. 13.

Cette carte devra être représentée à toute réquisition aux agents de l'autorité, dans les cas prévus par les lois, décrets et règlements d'administration publique.

Art, 14.

La sanction pénale contre tout contribuable n'ayant pas payé ou se refusant à payer l'impôt, sera: 1° l'avertissement d'office, fait en février à celui qui n'aura pas satisfait à la loi ; 2° la contravention, comme en matière de simple police et par le juge de celle-ci, faite en mars ; 3° la saisie mobilière ou immobilière faite en avril, ou enfin, la contrainte corporelle, d'après la gravité des cas, ordonnée par le juge correctionnel, suivant les lois de procédure de cette juridiction.

Art. 15.

Ledit impôt sera *transitoire*, pourra disparaître avec les causes qui l'ont fait naître et être réductible pour toutes les taxes au-dessus de 1 fr. par tête.

Art. 16.

Son revenu net sera appliqué à solder l'insuffisance des autres impôts pour le paiement de l'indemnité de guerre à la Prusse en vertu du traité de paix.

ART. 17.

Son excédant, s'il y en a, sera appliqué, pour favoriser le travail national, aux industries françaises ayant le plus à souffrir de la concurrence étrangère, sous forme de primes accordées aux produits français exportés à l'étranger et suivant des règlements d'administration publique; ou encore au *dégrèvement* et successivement à la *suppression des impôts indirects* sur les denrées de première nécessité.

ART. 18.

Le Chef du Pouvoir exécutif, son Conseil des Ministres entendu, pourra pourvoir, tant pour l'application que pour la perception dudit impôt, à l'insuffisance de la présente loi, par des arrêtés émanant de son initiative ou de celle du Conseil des Ministres.

ARTICLE TRANSITOIRE.

La présente loi n'est point applicable, pour la formation des rôles à établir en vue de la perception de l'*impôt individuel*, pour l'année 1872, quant aux délais de publication, avertissements, réclamations et inscription définitive fixés par l'article 7, mais bien applicable quant à tous ses autres articles.

ESSAI D'UN TABLEAU

D'après lequel pourrait être établie l'échelle proportionnelle

DE L'IMPOT INDIVIDUEL

prenant pour base

UNE TAXE: MINIMUM DE 1 FRANC, MAXIMUM DE 1,000 FRANCS

et une population de 36 millions d'habitants.

De 1 fr. à 2 fr.	10,000,000	. . . . à	1 fr. . . .	10,000,000
18 millions d'imposés.	8,000,000	. . . à	2 fr. . . .	16,000,000
	3,000,000	. . . à	4 fr. . . .	12,000,000
De 4 fr. à 20 fr	3,000,000	. . . à	8 fr. . . .	24,000,000
12 millions d'imposés.	2,000,000	. . . à	12 fr. . . .	24,000,000
	2,000.000	. . . à	16 fr. . . .	32,000,000
	2,000,000	. . . à	20 fr. . . .	40,000,000
	1,000,000	. . . à	32 fr. . . .	32,000,000
De 32 fr. à 80 fr.	1,000,000	. . . à	40 fr. . . .	40,000,000
5 millions d'imposés.	1,000,000	. . . à	48 fr. . . .	48,000,000
	1,000,000	. . . à	60 fr. . . .	60,000,000
	1,000,000	. . . à	80 fr. . . .	80,000,000
	460,000	. . . à	100 fr. . . .	46,000,000
	100,000	. . . à	200 fr. . . .	20,000,000
	90,000	. . . à	300 fr. . . .	27,000,000
De 100 fr. à 1,000 fr.	80,000	. . . à	400 fr. . . .	32,000,000
1 million d'imposés	70,000	. . . à	500 fr. . . .	35,000,000
dont 460,000 imposés	60,000	. . . à	600 fr. . . .	36,000,000
à 100 fr.	50,000	. . . à	700 fr. . . .	35,000,000
	40,000	. . . à	800 fr. . . .	32,000,000
	30,000	. . . à	900 fr. . . .	27,000,000
	20,000	. . . à	1000 fr. . . .	20,000,000
	36,000,000			**728,000,000**

N. B. — Les chiffres de 4, 8, 12, 16, 20, 32, etc., ont été adoptés parce que leurs diviseurs par 1/2 et 1/4 dans les taxes de la famille (art. 5, § 2), ne donnent point de centimes à percevoir.

EXPOSÉ DES MOTIFS

La France doit une rançon. Si au moment du danger, à la voix de chefs improvisés pour la guerre, la France n'a pas marchandé son sang, certes aujourd'hui qu'elle s'est nommée des représentants pour faire la paix et réparer nos désastres, elle ne marchandera pas son argent.

Les motifs d'un emprunt de guerre sont donc patents ; il y a les engagements à remplir. L'ennemi foule encore le sol de la patrie ; il est encore là, aux portes de Paris, le garnisaire de la contribution.

On aurait pu demander le rachat à une souscription volontaire, il est plus rationnel de le demander à une souscription obligatoire.

M. le Ministre des Finances s'est proposé de le demander à l'impôt par l'augmentation des taxes de consommation et par la création d'impôts sur la matière $1^{\text{ière}}$, ce qui revient à dire : *sur la production.*

Il s'est certes bien interrogé pour savoir s'il allait : 1° réduire la consommation ; 2° tarir les sources du travail.

Non, peut-être pour les denrées nécessaires à la vie.

Oui pour les autres et **Oui** pour la production.

Certainement la concurrence étrangère produira à meilleur marché et dans de meilleures conditions que nous. En effet, du moment où la vie et la matière première lui coûtent moins cher, elle produit à meilleur marché et l'industrie française s'en va.

Il eût donc peut-être été sage de ne rien demander, ou demander peu au *quantùm* de l'impôt actuel et de voir s'il n'était pas possible de trouver un impôt *spécial* et, au besoin, *transitoire* de guerre ; c'est ce que semble offrir un impôt nouveau, résumant tous les projets de M. le Ministre des Finances, l'*impôt individuel* direct et proportionnel.

Nous avons en France deux natures bien distinctes d'impôts : l'*impôt direct* connu sous le nom des quatre contributions : *Le foncier, les portes et fenêtres, la cote personnelle et mobilière, la patente ;* et l'*impôt indirect* qui frappe, sous mille et une formes et taxes diverses, presque toutes les manières d'être de l'existence et les denrées de la vie, du commerce et de l'industrie, impôt qui s'applique à la chose et non à l'individu.

S'il est vrai que l'Etat est l'association générale, s'il est le conseil d'administration de la société civile, s'il est l'assureur général, tous les habitants d'un Etat jouissant à un titre quelconque des bienfaits qui résultent de la protection, et de la garantie sociale et des services rendu, il est évident que tous doivent contribuer pour une quote-part à la rémunération des services individuels, à la prime d'assurance mutuelle, en un mot, doivent payer l'impôt.

S'il est encore vrai que tous les habitants d'un pays ne participent pas également aux avantages de l'association générale, c'est-à-dire, n'ont pas autant à assurer les uns que les autres à la compagnie d'assurances qui s'appelle l'Etat, il est juste, il est naturel, que la quote-part de chacun ne doit pas être égale et que l'impôt soit proportionnel au service rendu. Le riche doit donc payer plus que le pauvre et proportionnellement à ce qu'il possède, puisque l'Etat protége et garantit tout : personne et fortune. Toutefois tous, petits ou grands, doivent l'impôt.

L'impôt direct et proportionnel est donc juste.

L'impôt indirect est moins équitable, et il est particulièrement remarquable que l'impôt le plus équitable, l'impôt direct proportionnel, est payé, à peine peut-être, par la $5^{\text{ième}}$ partie des individus composant l'Etat, tandis que l'impôt indirect, le moins juste, est, à égalité de besoins ou de consommation, payé par tous sans exception et sans distinction des facultés de l'individu (surtout pour les denrées de première nécessité), du même prix et du même montant de cote personnelle.

Aussi, béni soit le législateur qui trouvera, dans un autre impôt, le moyen d'affranchir de l'impôt indirect les denrées de première nécessité, les denrées de la vie : Le pain, la viande, le vin. L'homme n'abuse pas du pain, n'abuse pas de la viande, il abuse du vin. A ce titre, le vin est peut-être imposable ; mais tout autre impôt que l'impôt *ad valorem* sur le vin n'est pas équitable. Imposez *ad valorem* la viande de luxe, le pain de luxe, le sel de luxe, etc, etc, mais n'imposez pas ou imposez moins la vie du pauvre.

Si donc l'impôt le plus équitable, l'impôt direct, atteint à peine le cinquième de la population, 7 à 8 millions sur 36 à 38 millions de français, si donc, tout être humain vivant dans l'état, doit une quote-part quelconque d'impôt à l'Etat, il y a justice à répartir l'impôt direct *proportionnellement* et *individuellement* entre tous les membres de la famille française, et à mettre à contribution tout *étranger* habitant ou touchant au sol français, dans la mesure des services et de la protection que lui accorde l'Etat, toutes charges de français à étranger étant compensées.

Et il n'est pas un français, petit ou grand, riche ou pauvre qui ne tienne à honneur d'apporter son tribut au rachat de la patrie: le pauvre son obole, le riche le prix de la rançon, le pauvre les arrérages, le riche le capital ; c'est-à-dire, tous et chacun, suivant ses facultés et sa fortune ; et ce sera là véritablement l'égalité de tous devant l'impôt, la fraternité de l'honneur et du sacrifice, la liberté de la patrie.

Ainsi le français se souviendra ; la mère et la fille, le fils et le père, l'ouvrier, le serviteur, l'artiste, le laboureur, le magistrat, le prêtre et le soldat, etc, tous à tous les titres, se souviendront à chaque terme de la contribution, de l'invasion étrangère, de la guerre sauvage, de la revendication et que si un étranger orgueilleux et barbare, a proclamé ce principe funeste que la force prime le droit, les principes même mauvais, une fois proclamés, ont leur logique et produisent, tôt ou tard, même contre leurs auteurs leurs terribles conséquences.

Chaque français, si vous dites franchement à la France : *c'est un impôt de guerre*, bien loin de repousser l'impôt, se fera honneur de dire : Et moi aussi je paie pour mon pays !

Tandis que les augmentations sur les impôts existants, la création d'impôts multiples nouveaux en projet, ou proposés par M. le Ministre des finances, par leur multiplicité même, par leur incertitude dans le *quantùm* de la taxe nouvelle, afférente à chaque imposé et dans le *quantùm* du rendement, froissent les intérêts et les consciences, frappent plus généralement le commerce et l'industrie, appellent la fraude ou la dissimulation ; rencontreront certainement une résistance sinon matérielle du moins morale dans le pays, parce qu'ils frappent toujours les mêmes contribuables et seront impopulaires malgré que chacun se dise cependant : il faut bien payer les cinq milliards, il faut bien payer la rançon de la patrie.

L'étranger, qui était notre allié dans la prospérité se souviendra que la France a toujours dépensé son or et son sang pour les nations amies, pour la défense du faible et de l'opprimé ; qu'il vient de nous donner cette leçon : que les temps sont passés du désintéressement chevaleresque ; que dans ce siècle de *positivisme*, la justice et l'honneur ne sont plus la loi du devoir, qu'aujourd'hui c'est l'intérêt matériel et particulier pour les individus comme pour les gouvernements ; que nous sommes, à son dire, une nation frivole, que nous ne sommes point une nation sérieuse, ce qui signifie, dans le langage de l'étranger, que nous ne savons pas *compter*. Il se souviendra de tout ceci et dès lors, mettant en pratique ses maximes, faisons le contribuer à notre rançon et payer le tribut de sa propre ingratitude.

Mettant même de côté toutes ces considérations et la situation particulière que vient de nous faire la guerre, n'examinant la position de l'étranger en France qu'au point de vue de l'établissement général de l'impôt sur les personnes et les choses, l'étranger participe en France à tous les services de l'Etat, à la même protection dans ses biens et sa personne ; il possède au même titre que le Français. Il jouit des avantages, il n'a pas les charges. Si donc le Français paye une taxe, un impôt quelconque, l'étranger doit payer la taxe et l'impôt au même titre; la conséquence est évidente.

L'étranger n'a pas les charges ; ainsi il ne paye pas l'impôt du sang. Il doit cependant l'égalité des charges s'il jouit de l'égalité des services rendus, et lui demander *l'impôt double*, par exemple, à égalité de condition et de facultés avec le Français, c'est à peine lui demander, proportionnellement, la rémunération des services à lui rendus par l'Etat. Il n'est pas un gouvernement qui ne demande soit sous forme de passeport à l'étranger, soit sous forme de visa de passeport, de permis de séjour, etc., etc., soit sous toute autre forme, une taxe quelconque, une contribution au sujet étranger.

Au surplus, chaque gouvernement n'est-il pas libre d'user de réciprocité ? la France y perdra-t-elle ? *Là est, de notre temps, toute la question.*

Et qu'il soit permis de le faire remarquer en passant, la loi dit que tout étranger qui veut obtenir la faveur d'être admis à établir son domicile en France (jouissance des droits civils et non politiques), doit.... etc., etc., (formalités),... et payer 172 fr. pour droit de sceau et autres frais, etc. Pourquoi laisser tomber la loi en désuétude? et pourquoi ne pas rendre cette loi du domicile obligatoire à tout étranger résidant en France depuis plus d'une année, tout au moins y exerçant un commerce depuis une année ou y possédant un établissement quelconque, bien entendu sans préjudice de *l'impôt individuel*..

Etant donnée une somme quelconque à demander à l'impôt, plus grand est le nombre des contribuables, plus la quotité de la taxe est faible dans la répartition. Et, plus faible est la taxe, moins elle est onéreuse. Or quels sont les vrais principes d'un bon établissement d'impôt? Faire rapporter beaucoup et demander peu. Ce sont les principes de l'impôt indirect : il ne rapporte beaucoup que parce qu'il s'adresse à tous, et s'il était possible de le rendre *proportionnel*, il serait le meilleur et le plus équitable de tous les impôts.

Appliquant donc ces principes de perception de l'impôt indirect *à l'impôt direct*, demandons à tous pour l'égalité de l'impôt, et à chacun suivant sa fortune pour la justice de la répartition.

Quels seront les résultats financiers de la loi?

Nous sommes 36 millions de Français, à 1 fr. par tête vous avez 36 millions de francs; à 10 fr., 360 millions ; à 20 fr., 720 millions. Et si vous taxez l'entrée de tout étranger en France, à raison de 10 fr. ou 20 fr. par tête, par exemple, et si vous prélevez l'impôt double sur tous étrangers établis ou domiciliés en France depuis un an, vous arrivez peut-être à un milliard (**c'est un compte à faire**) et dans dix ans l'impôt *individuel* a payé capital, intérêts et frais de la rançon.

Si l'on examine que dans l'état actuel du Budget (**2 milliards divisés par 36 millions**), chaque tête de Français paye une taxe de **55 francs,** que partie de cette taxe est répartie entre tous au même taux par l'impôt indirect, quelle que soit la fortune de l'individu, et que l'autre partie, la contribution directe, repose à peu près sur la 5me partie de la population seulement, on se demande s'il n'y a pas une meilleure répartition et s'il n'est pas facile de demander 20 fr. par tête *à l'impôt individuel,* mais par une sage distribution des charges de cet impôt.

Le projet de loi qui vient d'être distribué, portant fixation des contributions directes pour 1872, fixe le chiffre de l'ensemble des 4 contributions à 564 millions et demi, *en chiffre rond.* Le Budget de 1870 fixait le chiffre des recettes des contributions directes à 333 millions et celui des contributions indirectes à 1,405 millions. — Admettant qu'aujourd'hui le chiffre total soit de 2 milliards pour les 2 impôts y compris ceux déjà votés, et dans ce chiffre celui connu des contributions directes pour 1872, nous avons 564 millions de recettes pour l'impôt direct et 1,426 millions pour l'impôt indirect (**et nous sommes certainement, quant à l'impôt indirect actuel pour 1872, de 100 millions au-dessous de la vérité**) l'impôt direct au tant par tête, sur 36 millions de Français, se chiffrerait par 15 fr. 50 et l'impôt indirect par 39 fr. 50 par tête.

Or, en demandant à l'impôt direct, que nous appelons *impôt individuel,* 20 fr. par tête ; 15 fr. 50 déjà votés + 20 fr. nouvel impôt = 35 fr. 50 par tête, (**la contribution indirecte actuelle seule est de 39 fr. 50 par tête**) ne sommes-nous pas au-dessous de la vérité; et quant à l'égalité proportionnelle des 2 impôts: direct et indirect, qui devrait exister entre tous les Français, ne sommes-nous pas pour l'impôt direct, même en y ajoutant 20 fr. par tête, au-dessous de la justice et de l'équité ?

Donc, si vous limitez l'impôt de guerre à un minimum de 1 fr. par tête, par exemple, et au maximum de 1,000 fr., (*il y aurait à examiner si ce maximum ne devrait pas être porté à 10,000 fr., pour atteindre, dans une proportion plus équitable et plus vraie, les grandes fortunes... et de créer 2 taxes de plus : une de 5,000 fr. et une de 10,000 fr., au total 24 classes d'imposés)* et que vous en fassiez un impôt direct proportionnel, sans tomber ni dans les graves inconvénients de l'impôt sur le capital, de l'impôt sur le revenu, ni dans les *utopies* de l'impôt progressif, vous pouvez, tout en faisant rendre 20 fr. par tête à *l'impôt individuel*, en faire un impôt très modéré, parce que la modération de l'impôt n'est pas dans la somme payée mais bien dans les facultés de celui qui le paye. Il est de sens commun que 1,000 fr. sont moins d'argent pour les uns que 10 fr. pour les autres et même que 1 fr.

Ainsi classant seulement 20,000 contribuables dans la taxe maximum de 1,000; 30,000 à 900 francs; 40,000 à 800 francs; etc, etc, et abaissant progressivement la taxe jusqu'à 100 fr.; en ne comprenant dans cette répartition proportionnelle de 100 à 1000 francs qu'un million d'individus dont 460,000 à 100 francs; puis de 80 à 32 inclusivement 5 millions seulement; de 20 à 4 inclusivement, 12 millions; et de 2 à 1, 18 millions, vous obtenez très-facilement et au-delà vos 720 millions, conformément au tableau annexé au présent projet de loi.

Et y aurait-il bien grand dommage de demander quelques centaines de millions à l'étranger ?

Reste la question de l'établissement et de la répartition de *l'impôt individuel*.

Il est de principe que la taxe que chacun est obligé de payer doit être certaine et jamais arbitraire. Prenant donc pour base, pour ceux qui payent déjà l'impôt direct, la répartition faite à chaque contribuable de l'impôt foncier à raison de ce qu'il possède au foncier, mais distraction faite des charges et hypothèques dont est grevé l'immeuble ; la répartition de l'impôt des patentes ; la répartition de la taxe mobilière et personnelle ; et prenant pour base, pour ceux qui ne payent pas d'impôt direct, les traitements des fonctionnaires, les appointements et gages des employés et serviteurs, le produit du travail pour l'artisan et l'ouvrier, il serait facile, avec le concours d'un Jury de répartition pris dans la condition ou la profession de l'imposé, *tout au moins pour juger en dernier ressort les réclamations*, d'établir l'assiette de cet impôt dans les proportions les moins arbitraires et les plus équitables.

Et quant à la perception, nous l'avons dit, il n'est pas un Français qui, pour le rachat de son pays, ne se fasse un devoir, un honneur d'apporter son tribut à cet impôt patriotique.

Etant donnée l'adoption de *l'impôt individuel* établi sur ces bases, est-il besoin de demander des subsides à l'augmentation des impôts existants, à la création d'impôts divers nouveaux, par exemple, sur les textiles, sur les matières 1res ?

Aux grands maux les grands remèdes. Comme l'Amérique, pour refaire nos finances et notre pays, marchons hardiment, ne marchandons pas l'impôt; mais dans l'application des impôts gardons-nous de la prendre pour modèle.

Nous sommes dans des conditions toutes contraires. L'Amérique n'était que marchande et point manufacturière. Avec une sagesse infinie elle a voulu, du même coup, se faire beaucoup d'argent, payer sa dette et se créer une industrie. Aussi elle a frappé les matières premières étrangères, et de droits énormes les produits manufacturés étrangers. Ainsi l'importation des Etats-Unis a été en 1869 de 2,300 millions et le produit des douanes de près de 1 milliard.

Nous ne pouvons opérer ainsi; demandons plutôt notre milliard *à l'impôt individuel*.

Nous sommes surtout une nation industrielle, nous produisons plus que notre consommation, accordons donc plutôt une prime à l'importation de certaines matières premières et à l'exportation des produits de notre industrie, et cherchons ailleurs que dans les denrées qui l'alimentent la matière imposable et le moyen de refaire notre situation.

Et si cet impôt individuel nouveau ne suffit pas aux charges que les malheurs de la guerre nous ont imposées : *indemnités à l'ennemi, indemnités à nos nationaux*, ne suffit pas à
combler les déficits des budgets de 1870-1871 et au remaniement de l'impôt indirect sur les denrées de première
nécessité, M. le Ministre des finances n'a-t-il pas encore,
sans jeter aucune perturbation dans le commerce et l'industrie,
la ressource **du décime de guerre,** sans parler des
impôts de **monopole** tels que le tabac, la poudre, les cartes
à jouer, le timbre, etc., dont l'augmentation n'entraîne aucune fâcheuse conséquence. Mais, au nom de la grandeur et
de la prospérité de la France, épargnons notre commerce et
notre industrie.

Si à ces considérations, on ajoute que cet impôt se payera
d'autant plus volontiers que, par sa nature, un impôt de
guerre est essentiellement *transitoire*, il n'y a pas à hésiter à
créer pour un temps, en France, *l'impôt individuel.*

Pour consacrer dans le père de famille la suprématie et le
principe du respect de l'autorité du chef de la famille; ne serait-
il pas sage et de toute moralité de lui appliquer, dans la répartition de l'impôt, à quelque catégorie d'imposables qu'il
appartienne, une taxe *double* de celle de la mère et *quadruple*
de celle des enfants, maintenant cette proportion de 4, 2 et 1
seulement pendant le temps où le père ou la mère ont charge
d'enfants?

Comme l'impôt individuel est avant tout *proportionnel* à la
fortune des individus, l'homme marié et sans enfants que sa
position classerait dans la taxe de 40 fr., savoir : pour sa

taxe individuelle 40 fr., pour celle de sa femme 20 fr., au total 60 fr., du moment où il aurait charge d'enfants, ne serait plus taxé qu'à 32 fr. ou dans les cotes au-dessous. Ainsi : le père 32 fr., la mère 16 fr., un enfant 8 fr., total 56 fr. Suivant que le nombre des enfants augmenterait la taxe serait abaissée, et la répartition pourrait même, par la progression dans l'abaissement de la taxe, accorder une immunité de taxe décroissante aux familles nombreuses. Le trésor pourrait être autorisé au besoin à se récuperer au moyen d'une taxe plus élevée sur les célibataires ayant passé l'âge de 40 ans.

Le père de famille le moins fortuné payerait par exemple : 4 fr. pour lui-même, 2 fr. pour sa femme, 1 fr. pour chacun de ses enfants; admettons en 4, total 10 fr.

Est-il un père de famille, n'ayant d'ailleurs aucune autre charge ni d'impôt direct, ni d'impôts indirects autres que ceux existants avant la guerre (**lorsque, du reste, les impôts indirects nouveaux vont forcément l'atteindre, tandis que l'impôt individuel les supprimerait**), qui ne puisse, dans des circonstances aussi exceptionnelles que celles où se trouve la France, payer 10 fr. par an pour lui et sa famille ? Et s'il n'a pas les moyens de satisfaire à l'impôt, il lui suffit d'en faire la déclaration à la Mairie, et la Commune est tenue de payer pour lui.

Ne serait-il pas de sage et prudente administration de délivrer, *détachée d'un registre à souche*, à titre de quittance de l'impôt, à tout sujet français et étranger une carte de sûreté, permis de séjour ou de circulation, quel que soit le nom qu'on lui donne ; en un mot *une carte d'identité* ? Cette carte nominative et *personnelle*, énoncerait le montant de la taxe, les noms,

prénoms, filiation, âge, qualité, nationalité, lieu de naissance
et résidence du contribuable; et ne serait-il pas d'utilité pratique, au dernier chef, que cette carte portât la signature et
le signalement de la personne dès l'âge de 15 ans? Mention
en serait faite lorsque le porteur ne saurait pas signer.

Y aurait-il un pays, un Etat où le dénombrement de la
population fût plus facile et plus certain? Les registres de
l'état-civil, naissances, décès et mariages pour toute la population non flottante, et les rôles de cet impôt seraient véritablement le grand livre de la vie et de la circulation de la
France. Et la France pourrait savoir à chaque heure ce qu'elle
a possédé ou possède chaque jour d'étrangers en qualités,
nationalités et nombre.

Bien loin d'entraver la libre circulation des individus, nationaux ou étrangers, de gêner en rien la liberté individuelle,
cette carte en serait au contraire la sauvegarde. Des règlements d'administration publique détermineraient le mode de
perception de l'impôt individuel vis-à-vis de l'étranger, avant
ou après, ou lors de son entrée en France, de manière à lui
faciliter les formalités de *carte d'identité* et de paiement; et
détermineraient les cas aussi dans lesquels les agents du fisc
ou de l'autorité auraient le droit de requérir la carte personnelle d'identité.

En résumé, M. le Ministre des finances, dans son savant et
consciencieux projet de loi, suivant le tableau A, propose : *à la
taxe de 20 %, 100 articles ; à la taxe de 10 % 40 articles ;
puis à 2 p. % les articles non dénommés ; puis les articles spé-*

cialement tarifés ; et nécessairement leurs subdivisions et tarifs spéciaux à chaque subdivision. C'est donc au moins 200 projets de loi d'augmentation d'impôts ou de création d'impôts nouveaux. Le zèle de la commission du budget y suffira-t-il? en admettant qu'elle achève ce travail colossal sans lassitude, dans combien de temps pourra-t-il être revu, amendé et voté par l'Assemblée?

Puis n'est-il pas à craindre que ce grand travail n'aboutisse pas au résultat qu'en attend M. le Ministre, mais plutôt à un grave déficit dans nos finances? et s'il est assez heureux pour mettre le budget en équilibre avec cette multiplicité de taxes nouvelles, pouvons-nous espérer ce résultat : « *sans porter at-* » *teinte aux forces productives du pays : l'agriculture, l'industrie* » *et le commerce... sans grever de charges plus lourdes le sol et les* » *denrées alimentaires de première nécessité...... etc., etc.* »

Et cependant si à un moment donné les recettes du trésor devaient être incertaines, ne vaudrait-il pas mieux, dès aujourd'hui, avant que ce grand travail préparatoire de la commission du budget ne soit achevé, aborder un moyen plus énergique, plus productif, plus simple et plus radical, un impôt unique les résumant tous : *l'impôt individuel, direct et proportionnel ?*

Au surplus, il est un argument invincible, c'est celui-ci :

*Tout le monde en France paie l'impôt indirect, assez mal réparti,
n'est-il pas de suprême justice que tout le monde paie l'impôt direct
à un degré quelconque, mais bien réparti ?* En effet, pourquoi les
impôts spéciaux froissent-ils les intérêts, jettent-ils la perturbation dans les industries et deviennent-ils, le plus souvent,
des charges écrasantes, ruineuses et iniques? C'est parce qu'ils
ne frappent que des catégories spéciales d'individus, les moteurs
de l'exploitation ou de l'industrie, l'agriculteur ou le commerçant, tandis qu'ils épargnent toute l'armée des auxiliaires et
des coopérateurs..... et des oisifs.

Et si tous et chacun prenait sa part proportionnelle de la
charge, ne deviendrait-elle pas rationnelle, équitable et légère?
Voilà les principes de la *solidarité*. Tous pour chacun et chacun
pour tous dans une juste mesure. Tous sans exception doivent
donc payer l'impôt direct mais proportionnel.

Et qu'on ne fasse pas cette objection : « Comment se fera la
répartition? » La répartition de l'impôt individuel appartient à
l'Etat. C'est son affaire.

Le principe appartient à l'Assemblée souveraine.

L'Etat n'a-t-il pas à sa disposition tous les moyens de con-
trôle? Pour la perception de certaines taxes il applique même
l'exercice. Que fait donc la douane quand elle vérifie la nature de la marchandise ?

Qu'il procède au besoin une première fois pour la composition des rôles de *l'impôt individuel*, comme il procède toujours pour la perception des droits de douane!

Il trouve bien le moyen de répartir plusieurs centaines d'impôts divers en des milliers de taxes diverses. Les rôles d'un *impôt unique* doivent lui être faciles à établir.

Il ne faut que de l'énergie, du courage et de la bonne volonté. Il faut vouloir, regarder devant soi et non derrière, et alors nous arriverons sans crainte à remplir nos engagements d'honneur ; nous referons ainsi notre pays et nos finances; *nous aurons construit avant de démolir*; nous arriverons périodiquement et progressivement au remaniement de l'impôt, sans attendre trop longtemps « *des temps plus calmes* », et nous pourrons donner ainsi satisfaction à des aspirations nombreuses et légitimes.

Lyon. Imprimerie NIGON, rue Poulaillerie, 2.